CANTOS DEL ALMA

Y DEL CORAZÓN

Poesía Original

de mi corazón al tuyo,
A. Pérez

Dra. Ma. Alma González Pérez

Cantos del alma y del corazón
Copyright ©2015 por Del Alma Publications, LLC

Publicado en los Estados Unidos de América
por Del Alma Publications, LLC, Texas
www.delalmapublications.com

Información para pedidos:
Ventas por cantidad. Descuentos especiales están disponibles en las compras de cantidades por corporaciones o asociaciones. Para obtener más información, póngase en contacto con el autor a la dirección anterior.

ISBN-13: 978-0-9822422-0-9
ISBN-10: 0-9822422-0-4

Library of Congress Control Number: 2014956059
Impreso en los Estados Unidos de América.
Este es un libro impreso en papel de calidad libre de ácido.
Primera edición

En memoria

De las dos estrellas más relucientes del cielo,
mis padres queridos,
quienes iluminaron mi vida
desde que abrí los ojos al mundo,
legándome el tesoro más grande del mundo,
LA FE Y EL AMOR A DIOS

Dedicatoria

A mi esposo querido
y
a mis hijas del alma y del corazón
porque con su amor y su ternura
me han hecho tan feliz

Agradecimiento

Es con un profundo sentido de gratitud que deseo
dar reconocimiento por la inspiración, consejo, y consentimiento
para la realización de esta obra a las siguientes personas:

A la Sra. Victoria B. Ramírez,
mi profesora de español de estudios secundarios,
quien me inspiró hacia el mundo del idioma y de la literatura
A la Dra. Ana María Rodríguez,
mi profesora de inglés de estudios secundarios,
quien fue mi estrella a través de las diversas etapas de mi vida
A la Dra. Guadalupe Ochoa Thompson,
mi profesora del doctorado,
quien me dio la inspiración para emprender este esfuerzo de letras
Al Juez Joseph Rathmell, juez del Condado de Zapata,
y a la Corte de Comisionados, al Padre Agustín Escalante,
a la Dra. Norma G. García, a la Sra. Leticia Paredes,
a la Sra. María Eva Uribe Ramírez y al Sr. Héctor Villarreal,
quienes me otorgaron su consentimiento para utilizar fotos
de lugares pintorescos e históricos en el condado
A mi hija Maricia
quien tuvo la paciencia y la perseverancia para captar
las más especiales imágenes a través del lente de su cámara
A mi hija Anita
quien preparó los consentimientos legales
de las personas y entidades que aparecen en este libro
A mi hija Teresa María
quien tuvo la gran paciencia e infinita dedicación
para el hermoso diseño del contenido de este libro
A todas las personas que aparecen en este libro
quienes tan amablemente me otorgaron su consentimiento
para utilizar sus fotografías en esta obra

A todos y a cada uno de ustedes, un millón de gracias

Prefacio

Desde niña siempre me deleitó la poesía y ya para la edad de siete u ocho años componía mis propios versos que ni tenía consciencia de lo que eran.

Sin embargo, nunca había gozado de la inspiración divina que al morir mi madre sentí. Fue sorprendente para mí el ver que entre lágrima y lágrima surgía poema tras poema. Yo no lo comprendía aún cuando lo veía ante mis ojos.

Es por eso que he decidido brindarle al lector este pequeño pero maravilloso pedazo de mi vida. Ojalá sea de su más completo agrado y les deleite tanto como a mí me ha deleitado el escribirlo.

La poesía como el medio más bello para expresar nuestros sentimientos

"¿Qué es poesía? dices mientras clavas
en mi pupila tu pupila azul;
y, ¿tú me lo preguntas?
Poesía…eres tú."

Es así como el eminente poeta español Gustavo Adolfo Bécquer expresa la esencia de la poesía.

Los sentimientos han persistido desde que la humanidad existe. Por lo tanto, el deseo de expresar ese sentir del corazón y del espíritu siempre ha sido el anhelo más grande de los poetas, los trovadores, los declamadores quienes desempeñan el poderoso papel de transmitir o proyectar la imagen y el sentir de un pueblo. A su vez, la poesía refleja la esencia de una raza, de una cultura, de una humanidad.

Es maravilloso el poder rendir una representación de esos sentimientos humanos que nos acercan los unos a los otros. Y sólo a través de este acercamiento brindado por la poesía es que logramos convencernos de que hay otras personas que comparten nuestro mismo sentir, nuestro mismo pensar, nuestro mismo vivir.

La poesía es entonces el vínculo que une nuestro corazón y nuestro espíritu como raza humana que sufre, que llora, que aspira, que goza, que siente. Nos hace comprender que aunque seamos distintos en raza, en cultura, en religión, que sentimos y padecemos quizá al igual que otros seres humanos en lugares remotos o en épocas distintas.

En efecto, la poesía nos puede trasladar hacia el infinito. Podemos sentir lo que otras gentes en otros tiempos sintieron. Podemos sentir lo que otras gentes en otros lugares sintieron o están sintiendo. Todo ese sentir del corazón humano y todos esos sentimientos los podemos vivir a través del melodioso ritmo y las bellas palabras de la poesía.

Qué manera más hermosa de comunicarle al mundo, "¡Soy como tú y es por eso que yo también siento lo que sientes tú!"

Tabla de contenido

Al amor

Amor es....

Amor es....
escuchar tu voz anhelada.

Amor es....
gozar de tu presencia delicada.

Amor es....
desahogar las penas que al pecho devoran.

Amor es....
sentir tu calor cerca de mí.

Amor es....
luchar en la vida junto a ti.

AMOR ES....
soñar en un nuevo amanecer pero
¡CONTIGO!

El amor ha tocado a mi puerta

El amor ha tocado a mi puerta.
Vivo llena de la más bella ilusión
Gozando de la más grande bendición
Que se ha realizado en mi huerta.

Disfruto al tenerte a mi lado
Y siempre con ansias espero
Que no tardes porque me muero,
Ya que contigo a un mundo de ilusión me traslado.

Soy feliz sintiendo esta hermosa sensación
Que eleva mi alma tan humana
A un extraño nivel de soberana
Sobre una vida de perpetua emoción.

Cuando se encuentra a un gran amor

Cuando se encuentra a un gran amor
Se siente que brilla muy reluciente
Un gran arcoiris magnificente
Que ilumina todo alrededor.

Cuando se encuentra a un gran amor
Se siente que palpita el corazón
Con la más grande y bella emoción
Que vibra con su poderoso fulgor.

Cuando se encuentra a un gran amor
Se siente una grandiosa ilusión
Que motiva el alma con gran valor.

Cuando se encuentra a un gran amor
Se siente que la vida se transforma
En un hermoso mundo prometedor.

Sentimientos y emociones

Suspiro
al pensar en ti.
Disfruto
al quererte a ti.
Extraño
el no estar junto a ti.
Padezco
al verte sufrir a ti.
Lloro
al pensar si algún día te pierdo a ti.

Contigo aprendí

Contigo aprendí a amar,
a amar incondicionalmente.

Contigo aprendí a reír,
a reír libremente.

Contigo aprendí a creer,
a creer sinceramente.

Contigo aprendí a vivir,
a vivir intensamente.

Contigo aprendí a soñar,
a soñar eternamente.

Mi vida, mi amor

Si Dios me quita la vida antes que a ti
quiero que sepas
que me llevo el más hermoso recuerdo
de toda una vida a tu lado,
una vida llena
de amor
de ternura,
de comprensión,
de los momentos más felices.
Y te ruego que
vuelvas a vivir
esos hermosos recuerdos
y vuelvas a soñar en un nuevo amanecer
al volver un día a estar juntos
tú y yo.

Al amor de padres

¿Quién es ese hombre?

El de voz suave
El de dulce mirar
El de noble ser

El hijo más obediente
El esposo más amable
El padre más tierno
El abuelo más cariñoso

El que sol a sol luchó arduamente
en esa tierra que tanto amó
El que jamás llegó a ser rico pero con su corazón de oro
y su fe de hierro siempre confió en el porvenir

El que padeció mucho
El que careció de mucho
El que amó sinceramente

¿Quién es ese hombre?

¡Ese hombre es mi padre!

Madre adorada

Madre adorada,
¿por qué siempre velabas por nosotros
de noche y de día?
¿Por qué siempre procurabas lo mejor del mundo
para nosotros?
¿Por qué te sacrificabas hasta el último esfuerzo
por nosotros?
¡Ah, cuán bien AHORA lo comprendo!
Éramos y siempre fuimos
un íntimo pedazo de tu ser,
un pedazo de tu vida,
un latido de tu corazón.

¡Qué dicha tener a mi madre todavía!

Su mirada
Su voz delicada
Su sonrisa
Su corazón
Su oración

Toda la esencia de su ser me exalta, me alienta,
me hace suspirar, me hace sonreír.

¡Qué dicha tan grande tener a mi madre todavía!

¡Qué bendición!
¡Qué consuelo!
¡Qué suerte!

Y todo, ¿por qué?

Porque Dios nos amó tanto que nos envió a nuestra madre
para que tuviéramos vida, amor, ilusión, fe.

De ti lo aprendimos todo

De ti aprendimos
cuán inmenso
es el verdadero amor.

De ti aprendimos
que hay que sufrir
para merecer.

De ti aprendimos
que la justicia divina
está por encima de todo.

De ti aprendimos
que la fe
y el amor a Dios
son la mayor fuerza
del mundo.

Imágenes del ayer

La cocina de mi madre:
el aroma de tortillas recién salidas del comal
recibiéndonos desde la puerta
la calabacita con pollo
jugosa y llena de sabor
los frijoles refritos
dorados y calientitos
las tamaladas de Navidad
reuniendo a todas las damas de la familia
y luego más tarde a los caballeros a cenar
las empanadas de calabaza,
el pan de levadura, las ojarascas para los bautizos
nos ofrecían una grata sorpresa a todos cada vez
La sonrisa de mi padre:
la que nos aseguraba que el mundo
no era tan cruel como parecía
y que la vida no hay que apresurarla
sino vivirla y disfrutarla
la que con la camisa vertiente de sudor
debido a las largas horas bajo el sol
siempre estrechando los brazos para recibirme diciéndome,
¡Venga pa'ca, m'hija!

Nuestros viejitos

Todos nuestros viejitos
lucharon tanto en su vida.
Su fortaleza quizá
Su fuerza de voluntad quizá
o tal vez
Su aferramiento a la vida
No lo sé.
No lo comprendo.
Pero sí tuve plena consciencia
de lo mucho que sufrieron, de lo mucho que lucharon.
¿Por qué?
No lo sé.
No lo comprendo.
Sólo sé de las circunstancias de su vida,
la época en la que les tocó nacer,
su destino, su cruel destino.
Sufrimos al lado de ellos.
Luchamos al igual que ellos.
Y, por lo tanto, adquirimos algo de su fortaleza,
de su fuerza de voluntad, de su aferramiento a la vida.
Esta experiencia vivida nos concedió
un espíritu más fuerte,
un corazón más noble, una actitud más humana,
la que no cambiaríamos
ni por el tesoro más grande del mundo,
ya que esta experiencia vivida es verdaderamente
el tesoro más grande del mundo.

A la familia

¡Te casas hoy, niña mía!

¡Te casas hoy, niña mía!
¿Qué hace que en mis brazos te dormía?

¡Qué alegría verte vestida de novia en este día!
Te veo tan hermosa y tan linda
como aquella niña que toda la vida adoraría.

¡Que Dios sea siempre tu apoyo, tu consuelo y tu guía,
niña mía!

Ahora soy yo

Ahora soy yo
la que sufre en silencio por tu ausencia
la que llora con cada recuerdo
la que vive añorando los días de tu niñez
la que ruega por ti a cada momento
la que con ansias espera tu llegada
la que teme tu despedida
la que sufre al verte desaparecer en el horizonte de tu vida
la que con ansias espera que vuelvas de nuevo otra vez.
Sí, ahora soy yo – quizá mañana lo seas tú, hija mía.

El niño que no tuve jamás

Hijo de mi más grande anhelo:

En mis sueños te adoré.
En mis oraciones te esperé.
En mi corazón te llevé.

Pero todo en vano fue
y para comprenderlo luché
y para resignarme tardé.

Mas, después de mucho lamentarlo,
un día cuando yo no me lo esperaba
llegaste tú, mi niño precioso.

Me miraste y te miré.
Me abrazaste y te abracé.
Me amaste y te amé
como jamás me imaginé
y con tu amor y tu ternura
todo el sufrimiento superé.

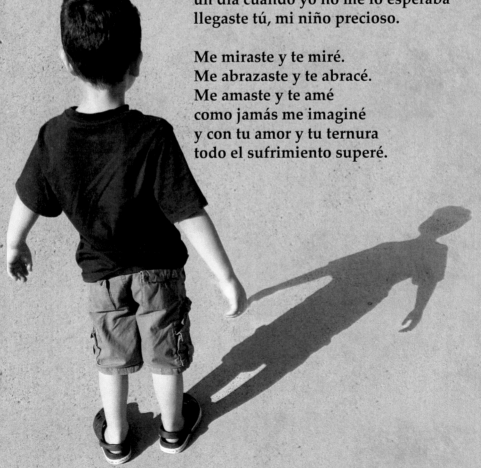

El privilegio de llegar a los 70 años

Has llegado a la edad dorada.
Se le llama dorada porque en el torneo de la vida
Dios te ha concedido la victoria.
Has triunfado sobre los retos de la infancia –
esas convulsiones que te consumían;
de la niñez – esas camisas rotas
por esos chiquillos insensatos;
de la adolescencia – esas envidias de tus compañeros
que no comprendían tus virtudes.
Pero al final de la turbulencia de esas primeras etapas
de tu vida has triunfado
en tu carrera llena de triunfos y de honores,
en tu matrimonio lleno de amor y de felicidad,
en tu familia ejemplar,
y en tu vida llena de logros y de trabajo honorable.
Eres una persona con una reputación intachable,
un carácter compasivo,
unos valores inigualables,
unos dones superiores.
No hay más que pedirle a la vida,
ya que tuya es la victoria, la dicha y el privilegio
de haber llegado a los 70 años,
ésta, la edad dorada.

Si alguien me amó en la vida...

Si alguien me amó en la vida
fue ella
con su amor incondicional
sus cuidados minuciosos
su cariño verdadero

mi fiel compañera,
mi amiga del alma,
ahora mi ángel guardián

Si alguien me amó en la vida
fue ella,
mi hermana querida

Como si fueras mi madre - así te quiero

Tu amor
Tu calor
Me han alentado
en mi camino por la vida

Tu alegría
Tu sabiduría
Me han instruido
en la ciencia de la vida

Tu valor
Tu fulgor
Me han dado el valor
en mi recorrer por la vida

Como si fueras mi madre
Te admiro
Te respeto
Así te quiero

Retoñitos

Los retoñitos le dan nueva vida, nueva esperanza al árbol
cansado de los años y de la intemperie del tiempo.

Los retoñitos, a su vez, poco a poco revisten al árbol
de ramos frondosos reemplazando así los ramos sin vida.

Los retoñitos, como los herederos del árbol,
mantienen viva a toda una descendencia.

Así como los retoñitos revisten de nueva vida al árbol,
los niños le dan nueva vida a la vejez.

Y así como los retoñitos van reemplazando
los ramos sin vida,
los niños, a su vez, van avanzando su herencia
a través de los años,
asegurando que aquel árbol de la vida siga latiente
de generación en generación.

Allí estuve yo

Allí estuve yo cuando tu corazón empezó a latir
cuando abriste los ojos al mundo por primera vez
cuando compartiste tu sonrisa con la mía
cuando de tus labios vertió la palabra "mamá"
cuando diste tus primeros pasos
cuando te llevé de la mano a la escuela
cuando nos sorprendiste con tus primeras calificaciones
cuando jugaste tu primer partido
enorgulleciéndonos con tu uniforme escolar
cuando ganaste tu primer concurso
que no sabíamos ni dónde guardar el listón
cuando te graduaste con honores
cuando lucíste como la novia
más bella del mundo
cuando fuiste madre por primera vez
Ahora, ¿lo estarás tú
cuando te pida apoyo para levantarme
cuando te pida la mano para guiar mis pasos
porque mis fuerzas se han agotado
y mi vista ya está cansada
cuando mi apetito se agote
cuando te diga que no sé dónde puse mi bolsa
ni donde están mis zapatos
que no me acuerdo de nada
que ni siquiera puedo pronunciar tu nombre
porque ya ni sé quién eres?

Al hispano, mi hermano

Mi hermosa sangre hispana

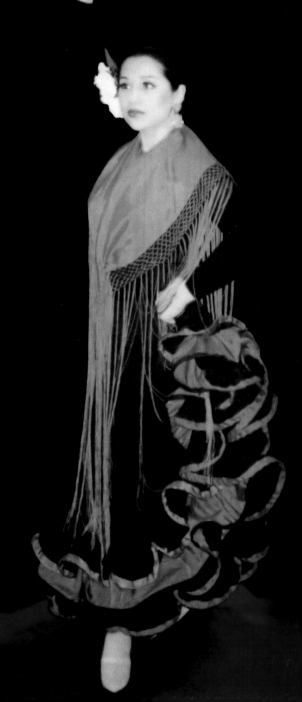

Hermosa sangre hispana,
¡cuánto me enorgulleces!

Mi tez morena
Mi pelo negro
Mi noble espíritu

¡Cuánto me enorgullecen!

Soy feliz llevándote a ti,
hermosa sangre hispana.

Mi historia
Mi herencia
Mi hermano

¡Cuánto me enorgullecen!

Hermosa sangre hispana,
nunca desvanezcas
en el eterno transcurrir
de los años.

¡Soy lo que soy
porque ASÍ lo eres tú!

Nuestra historia es un largo caminar

Caminaron los iberos
los romanos
los musulmanes
los aztecas.

Llegaron los conquistadores
los blancos
los revolucionarios.

Perduraron los mexicanos
los tejanos
los hispanos.

Somos como un mosaico de razas
pero lo interesante es que todas esas razas
tuvieron sus virtudes
sus incertidumbres
sus debilidades.

¡ASI COMO NOSOTROS!

Espíritu de mi raza mexicana

Espíritu de mi raza mexicana,
orgullo de mi alma india-hispana,
lamento de mi vida desilusionada,
llega hasta el corazón de mi hermano.

Dile que nos conceda el alivio.
Dile que escuche el latido
de este pobre corazón herido.

Somos también hijos de esta hermosa tierra
nacidos como rica prenda.

Espíritu de mi raza mexicana,
haz que nuestro hermano comprenda
que no importa ni la piel ni el color,
sólo del espíritu el fulgor.

Mi raza, mi gente

Te veo en el sudor que por mí derramas
al construir carreteras,
al levantar edificios,
al elaborar el pan de cada día.

Te veo en la sangre que por mí derramas
al defenderme contra el enemigo,
al luchar por la verdad,
al abogar por la justicia.

Te veo en las lágrimas que por mí derramas
al luchar por un mundo mejor,
al sufrir por la injusticia,
al padecer por la crueldad.

Mi raza, mi gente,
por dondequiera que voy te veo y contemplo
tu sudor, tu sangre, tus lágrimas.

Y me pregunto,
¿por qué tú, mi raza, mi gente?
¿Por qué siempre tú, mi raza, mi gente?

Ni de aquí, ni de allá

Vivimos aquí pero venimos de allá.
Vamos para allá pero somos de aquí.

Hablamos la lengua extranjera
pero la nuestra no la sabemos hablar.

Queremos ser como los demás
pero a la vez
también queremos ser nosotros mismos.

Luchamos por nuestra identidad
pero nos falta mucho por conocer
nuestra cultura,
nuestra historia.

Así es que no somos ni de aquí, ni de allá
porque
aunque somos de aquí, venimos de allá.

Plegaria del inmigrante

Señor Juez,

¿Qué delito cometí?
¿Soñar con un mundo mejor donde el bien
todo lo pueda lograr?
¿Laborar de sol a sol por el pan de cada día?
¿Jugarme la vida misma cada vez que veo la luz?
¿Ocultarme en las sombras de la sociedad
por no ser nada ni nadie?
¿Estar dispuesto hasta a perder mi propia dignidad
sólo por no haber nacido bajo este suelo?

Señor Juez,

Si éstos son los delitos de los que me acusan,
grito a los cuatro vientos que ¡SOY CULPABLE!

Soy ilegal, ¡PERO NO CRIMINAL!

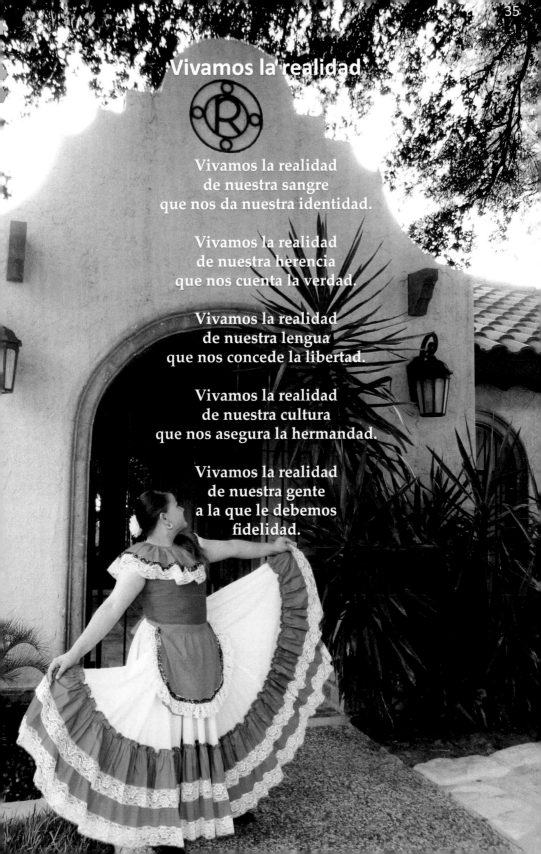

Vivamos la realidad

Vivamos la realidad
de nuestra sangre
que nos da nuestra identidad.

Vivamos la realidad
de nuestra herencia
que nos cuenta la verdad.

Vivamos la realidad
de nuestra lengua
que nos concede la libertad.

Vivamos la realidad
de nuestra cultura
que nos asegura la hermandad.

Vivamos la realidad
de nuestra gente
a la que le debemos
fidelidad.

Eres como yo

Hermano mío:

Eres como yo
y por eso
te admiro a ti.

Te busco a ti.
Te escucho a ti.
Te protejo a ti.

Eres como yo
y por eso
te quiero a ti.

Al saber

Sabiduría, mi fiel amiga

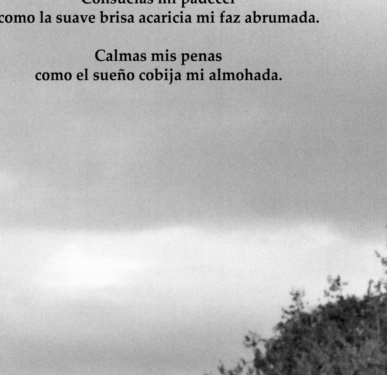

Iluminas mi vida
como el sol ilumina el nuevo día.

Guías mis pasos
como el ángel guía el alma mía.

Alumbras mi camino
como la luz alumbra la noche oscura.

Consuelas mi padecer
como la suave brisa acaricia mi faz abrumada.

Calmas mis penas
como el sueño cobija mi almohada.

Maestro...apóstol del saber

Con constancia
impartes
el saber.

Con diligencia
anhelas
el nuevo amanecer.

Con prudencia
abrigas
en el alma la esperanza.

Con paciencia
esperas
la recompensa.

Con amor
brindas
lo más noble de tu ser.

A todos aquéllos que me brindaron su saber

A todos aquéllos que su saber
me supieron un día brindar,
¿cómo les puedo recompensar
y su esfuerzo devolver?

Pues, aunque recompensarles jamás podré
sí mi gratitud quisiera expresar
de la forma más singular
por todo lo que con su esfuerzo logré.

A todos aquéllos que su saber
me supieron un día brindar,
les ofrezco ésta mi canción
con mi más grande admiración.

Con cariño y con placer
les ofrezco esta humilde gratitud
y mis mejores deseos en plenitud
como es mi anhelo y mi deber.

¡Qué hubiera sido de mí!

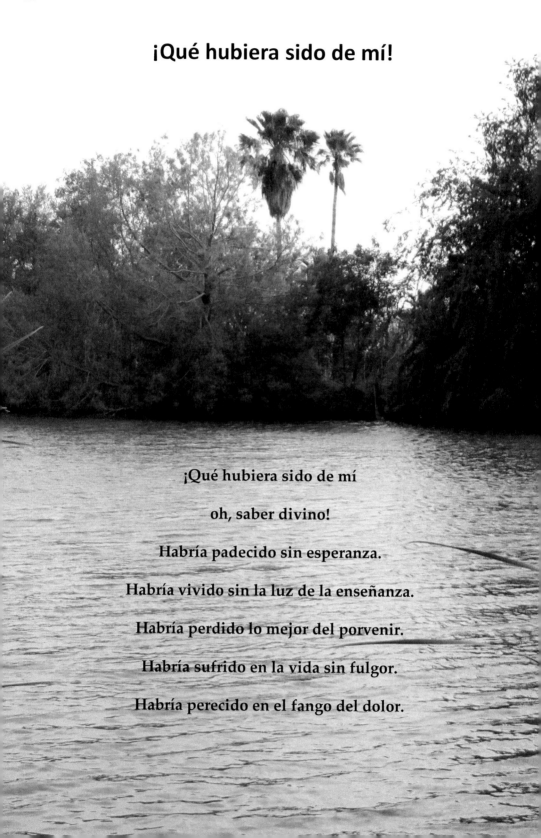

¡Qué hubiera sido de mí

oh, saber divino!

Habría padecido sin esperanza.

Habría vivido sin la luz de la enseñanza.

Habría perdido lo mejor del porvenir.

Habría sufrido en la vida sin fulgor.

Habría perecido en el fango del dolor.

Al niño diligente

Veo en tus ojos el brillo del deseo de saber
y me das gran alegría por querer aprender
todas las cosas que se ponen a tu alcance.

Sin embargo, hay algo que debes de entender.
Y eso es que aunque el saber es una riqueza sinigual,
el mundo no siempre te dará la justa recompensa.

Existe mucha crueldad e injusticia
y eso es lo que mejor debes de comprender.

Al noble y puro como tú
quizá se humille y se menosprecie
porque tus dones son superiores
a los demás.

Mas, sigue tu diligencia,
ya que lo que el mundo
te niegue, de lo alto lo recibirás.

La ciencia de los años

Los años nos van moldando,
             formando,
                 orientando.

Los años nos van madurando,
             cambiando,
                 transformando.

Los años nos van acertando,
             aclarando,
                 iluminando.

Moldando, formando, orientando, madurando, cambiando,
         acertando, aclarando, iluminando:
es así como los años van transformando nuestras vidas.

Pero, ¡ay, qué ferviente es la ciencia de los años!

A la vida

La alegría de vivir

Es hermoso contemplar
el despertar del alba.

Es maravilloso sentir
la suave brisa de la mañana.

Es sensacional escuchar
el melodioso cantar de los pajarillos.

Es emocionante compartir
una sonrisa con otro ser humano.

Es una verdadera dicha
el poder gozar de todos estos placeres
que sólo nos ofrece
la alegría de vivir.

Los niños no volverán

Los niños no volverán
porque un día en grandes se convertirán.
Sus risas, sus juegos, su inocencia
atrás y para siempre se quedarán.
Sus caricias, su ternura, su voz angelical
el tiempo se los llevará.
Sólo Dios sabe cómo su alma de niño
algún día se transformará.
Niño lindo, niño adorable, niño mío,
¡quédate para siempre aquí en mi corazón!

Muros mudos

Recuerdos
Añoranzas
Suspiros
Sentimientos

Todo esto y más
lo evoca el muro mudo
olvidado por los años,
las edades, las épocas.

Tiene una historia que contar
pero sólo la cuenta a través
de su existencia misma.

Al contemplarlo, todo se aclara,
se comprende, se revela.

¡Cuánto añoro remontarme
a las épocas del ayer!

Quiero sentir, quiero vivir,
lo que otras gentes en otros tiempos
valoraron
sufrieron
esperaron
gozaron
padecieron.

Muros mudos – ¡cuéntenme su historia!
Tengo ansias de adentrarme en su existencia
para enterarme de lo que presenciaron.
Quiero sentir la alegría de compartir esa historia mística
que sólo ustedes tienen que contar.

Con cada lágrima

Con cada lágrima
veo más claro mi camino
mi misión en la vida
mi razón de ser.

Con cada lágrima
veo más claro mi destino
mi pasión en la vida
mi deseo de volver.

Con cada lágrima
veo más clara la luz divina
mi vida peregrina
mi nuevo amanecer.

Recordar es vivir

Cuando me absuerbo
en la hermosa soledad de mis recuerdos,
vuelvo a sentir,
    a vivir,
        a añorar
esos días, esos momentos
que me hicieron suspirar,
    padecer,
        llorar,
            sonreír,
                gozar.
Y, que, por lo tanto,
me hicieron comprender y me hicieron valorar
la esencia de mi vida, la esencia de mi destino.

Quise alcanzar una estrella

Quise alcanzar una estrella
aunque, de pronto, ésta
era tan opaca y tan distante.

Mil veces me pregunté
si esta estrella era realmente mi estrella.

Dudé, vacilé, esperé encontrar
de mi duda la respuesta.
Mas, por ningún lado logré encontrar
la respuesta que yo anhelaba.

Cuando entonces, de pronto,
pensé encontrarla muy dentro de mi corazón.
Sin embargo, nunca pude tener la certeza
de que mi corazón no me engañaba.

Luego busqué mi respuesta
en la oración y esta vez sí mi Señor
no me engañaba.

Y desde entonces mi estrella brilla y brilla
muy resplandeciente.
Y ahora parece que lo distante
se ha vuelto cercano.

Tan cercano parece que al contemplarlo
me estremezco porque, aunque con ansias
buscaba mi estrella,
ahora sin duda la he alcanzado.

Lágrimas de niño, lágrimas de hombre

El niño llora por aquel juguete
que su madre no le pudo comprar.
El hombre llora por aquel amor
que nunca en la vida pudo encontrar.

El niño llora porque teme a la obscuridad.
El hombre llora porque teme a la soledad.

El niño llora por la ira de su madre
cada vez que comete otra travesura.
El hombre llora porque otro sueño
se le ha ido a la basura.

El niño llora por aquello que se le ha perdido.
El hombre llora por aquella ilusión ya perdida.

El niño llora por todo aquello
que su hermano no le quiere devolver.
El hombre llora por todo aquello
que ya jamás ha de volver.

Como granos de arena

Vivimos, aprendemos, laboramos,
luchamos incansablemente
sin nunca darnos cuenta
que cada hora, cada día
de nuestras vidas
es realmente
como
un
grano de arena
en la interminable
ribera de la eternidad.
Sin embargo, persistimos
en nuestra lucha por alcanzar
nuestro sueño imposible, ese sueño
que anima nuestro espíritu cada día de
nuestras vidas en el eterno transcurrir del tiempo.

"¡Es así como son los días de nuestras vidas!"

A la despedida final

El primer día del padre sin ti

El primer día del padre
sin ti, padre nuestro…
¡Qué nostalgia, qué vacío
sentimos dentro!

¡Cuánto deseamos que esos tiempos
volvieran y que de nuevo pudiéramos
volver a sentir tu presencia por doquier!

Te extrañamos tanto pero sólo
nos consuela que en nuestro corazón
y en nuestro recorrer por la vida
sigues y seguirás viviendo hoy
al igual que ayer.

Hace un año

Hace un año
que con el dolor más profundo
te vimos partir.

Hace un año
que nuestras lágrimas
no han cesado de derrarmarse.

Hace un año
que nos invaden
los más tristes recuerdos de tu partida.

Hace un año
que nuestro corazón
no ha dejado de latir por ti.

Hace un año
que nuestras vidas
no han vuelto a ser las mismas sin ti.

¡Sí, se siente tu presencia por doquier!

¡Sí, se siente tu presencia por doquier!
En todos los corazones que alegraste
En todos los recuerdos que nos brindaste
En los momentos felices de ayer.

¡Sí, se siente tu presencia por doquier!
En la buena voluntad que sembraste
En la vida ejemplar que llevaste
Desde que este mundo te vio nacer.

¡Sí, se siente tu presencia por doquier!
En tu familia que nos legaste
A que tu ideal logre ejercer.

¡Sí, se siente tu presencia por doquier!
En tu constancia por un mundo mejor
Donde la fe todo lo pueda vencer.

Todos hijos de Dios

Uno a uno así los fue llamando,
llamando a su eterna morada.

Con el más pequeño empezando,
luego con el que de plena juventud gozaba,
y más tarde al que ya era padre y esposo también llamaba.

Y sus padres la partida de sus hijos con dolor lloraban
que hasta deseaban seguirlos en su jornada.

Y todos los demás también con pesar lloraban
y su dolor en el alma llevaban.

Uno a uno así los fue llamando,
llamando a su eterna morada
porque al fin todos eran hijos de Dios.

Un ángel para siempre

Yacía allí –
tan dulce, tan linda, tan fría.

Vino y nos encantó como la brisa.
Vino y nos dejó sin una sonrisa.

Nos trajo alegría.
Nos trajo nueva vida.

Vivió a nuestro lado por un momento.
Vivirá en nosotros para siempre como un lamento.

Nos preguntamos lo que hoy podría ser.
Nos preguntamos por qué no lo pudo ser.

Sentimos el calor de su amor.
Sentimos el padecer de nuestro dolor.

Nos quedamos con tantas preguntas.
Nos quedamos sin ningunas respuestas.

Nos preguntamos sobre el misterio de su partida.
Nos maravillamos sobre la magia de su vida.

¡Cómo deseamos que ella hubiera vivido!
¡Cómo deseamos que ella no se hubiera ido!

Sin embargo, un ángel para siempre lo será,
un ángel que hace nuestro corazón latir
y nos hace comprender el privilegio de vivir.

Tocados por un ángel

Nacido al amanecer e ido al atardecer
este niño ha tocado nuestras vidas
con el sutil toque de un ángel.

Vimos en sus ojos la dulce mirada de un ángel.
Lo tomamos en los brazos
y sentimos el calor del amor de Dios.

Lo vimos partir con todo su fervor.
Lloramos con lágrimas de dolor.

Lloramos con lágrimas de alegría porque no cabe duda
que un ángel bajó y nos tocó por un momento –
un momento que durará en nuestro corazón
por toda una vida.

La experiencia de este día ha cambiado
nuestras vidas para siempre.

Celebramos su vida.
Veneramos el recuerdo de su partida.

Guardamos un pedazo de su vida.
Se llevó un pedazo de nuestra vida.

Lo alzamos a los cielos porque cuando la misión
de un ángel se ha terminado, tiene que partir.

¡Qué toque tan sutil!
¡Qué toque de ángel!

Cinco palomas al volar

Cuatro palomas al volar
triste dejaron su palomar.

Mas, un día otra decidió volar
para con ellas volver a estar.

Yo la vi velozmente volar
hasta a ellas poder llegar.

Con todas sus fuerzas al fin las pudo alcanzar
para así con ellas gozar de esa patria celestial.

Esa imagen de esas cinco palomas al volar
aquí en mi corazón con mucho amor la voy a guardar,
ya que cada vez que al cielo mi vista vaya a dar
voy a volver a ver esas cinco palomas al volar.

El día que yo me muera

El día que yo me muera
lloraré lágrimas de dolor
al igual que tú,
hija mía.

Sentiré la más inmensa tristeza
al ya no poder estar junto a ti.

Padeceré de la más triste soledad
al tener que partir sin ti.

Mas, mi corazón se quedará junto a ti
y mis brazos te esperarán
hasta que vuelvas a estar junto a mí
de nuevo otra vez.

Apéndice

Guía de instrucción

Al amor

Amor es....

1. Escribe tu propia definición del amor.
2. Escribe definiciones de otros temas como el futuro, la fe, la vida.
3. Reflexiona sobre la cita: *"AMOR ES...soñar en un nuevo amanecer pero ¡CONTIGO!"*
4. ¿Qué sentimientos te evocan las siguientes palabras claves: *anhelada, devoran, amanecer*?

El amor ha tocado a mi puerta

1. Discute el simbolismo del título.
2. Describe cómo te sentirías si el amor tocara a tu puerta.
3. Reflexiona sobre la cita: *"Soy feliz sintiendo esta hermosa sensación que eleva mi alma tan humana a un extraño nivel de soberana sobre una vida de perpetua emoción."*
4. ¿Qué sentimientos te evocan las siguientes palabras claves: *huerta, soberana, perpetua*?

Cuando se encuentra a un gran amor

1. Describe cómo te sentirías al encontrar a un gran amor haciendo una lista de sentimientos y emociones.
2. Escoge símbolos que ilustren esos sentimientos o emociones.
3. Reflexiona sobre la cita: *"Cuando se encuentra a un gran amor se siente que la vida se transforma en un hermoso mundo prometedor."*
4. ¿Qué sentimientos te evocan las siguientes palabras claves: *palpita, vibra, transforma*?

Sentimientos y emociones

1. Escribe tu propio poema sobre sentimientos y emociones usando palabras como: *vivo, sueño, espero, anhelo, sufro.*
2. Ilustra el poema a través de un dibujo o una fotografía.
3. Reflexiona sobre la cita: *"Lloro al pensar si algún día te pierdo a ti."*
4. ¿Qué sentimientos te evocan las siguientes palabras claves: *extraño, padezco?*

Contigo aprendí

1. Imagínate que has compartido toda una vida con el amor de tu vida. Discute lo que habrías aprendido.
2. Diseña un organizador gráfico para enumerar todas las cosas que habrías aprendido. Luego escribe tu propio poema siguiendo el formato de "Contigo aprendí....."
3. Reflexiona sobre la cita: *"Contigo aprendí a soñar, a soñar eternamente."*
4. ¿Qué sentimientos te evocan las siguientes palabras claves: *incondicionalmente, intensamente, soñar?*

Mi vida, mi amor

1. Escribe una carta de despedida a un ser querido.
2. Diseña un cuadro de recortes, dibujos o fotos de todo lo que quisieras que tu ser querido recordara de ti.
3. Reflexiona sobre la cita: *"Y te ruego que vuelvas a vivir esos hermosos recuerdos y vuelvas a soñar en un nuevo amanecer al volver un día a estar juntos tú y yo."*
4. ¿Qué sentimientos te evocan las siguientes palabras claves: *ternura, amanecer?*

Al amor de padres

¿Quién es ese hombre?

1. Escoge una fotografía de tu padre o de otro ser querido y haz una lista de adjetivos o frases que lo describan – sus características físicas, su manera de ser, sus valores.
2. Utiliza tu lista para escribir tu propio poema.
3. Reflexiona sobre la cita: *"El que padeció mucho*
   El que careció de mucho
   El que amó sinceramente"
4. ¿Qué sentimientos te evocan las siguientes palabras claves: *arduamente, confió, porvenir*?

Madre adorada

1. Haz una lista de preguntas que le harías a tu madre pensando en todo lo que ella ha hecho por ti.
2. Escribe una carta a tu madre que resuma lo que ella significa para ti.
3. Reflexiona sobre la cita: *"Éramos y siempre fuimos un íntimo pedazo de tu ser, un pedazo de tu vida, un latido de tu corazón."*
4. ¿Qué sentimientos te evocan las siguientes palabras claves: *procurabas, íntimo, latido*?

¡Qué dicha tener a mi madre todavía!

1. ¿Tienes a tu madre todavía? ¿Te sientes dichoso/a?
2. Diseña una cartulina que refleje las cosas bellas que te ha brindado tu madre.
3. Reflexiona sobre la cita: *"Toda la esencia de su ser me exalta, me alienta, me hace suspirar, me hace sonreír."*
4. ¿Qué sentimientos te evocan las siguientes palabras claves: *esencia, exalta, alienta*?

De ti lo aprendimos todo

1. ¿Qué valores has aprendido de tu madre, de tu padre, o de algún otro ser querido importante en tu vida?
2. Diseña un marcador de libro ilustrando el valor más importante que has aprendido de tu madre, de tu padre o de algún otro ser querido importante en tu vida.
3. Reflexiona sobre la cita: *"De ti aprendimos que hay que sufrir para merecer."*
4. ¿Qué sentimientos te evocan las siguientes palabras claves: *cuán, inmenso, justicia divina*?

Imágenes del ayer

1. Escoge una foto o una canción que refleje las imágenes que te vienen a la mente cuando piensas en tu niñez o en tu adolescencia.
2. Escribe tu propio poema titulado "Imágenes del ayer."
3. Reflexiona sobre la cita: *"La que con la camisa vertiente de sudor debido a las largas horas bajo el sol siempre estrechando los brazos para recibirme diciéndome, ¡Venga pa'ca, m'hija!"*
4. ¿Qué sentimientos te evocan las siguientes palabras claves: *pan de levadura, camisa vertiente de sudor*?

Nuestros viejitos

1. ¿A quién se le refiere como "nuestros viejitos"?
2. Describe a "tus viejitos" en una corta narración.
3. Reflexiona sobre la cita: *"Y, por lo tanto, adquirimos algo de su fortaleza..."*
4. ¿Qué sentimientos te evocan las siguientes palabras claves: *fortaleza, aferramiento*?

A la familia

¡Te casas hoy, niña mía!

1. ¿Se ha casado alguien en tu familia? Describe cómo te sentiste al ver a esa persona en traje de bodas enfatizando lo que cruzó por tu mente y lo que le dijiste o quizá ahora le quisieras haber dicho.
2. Dibuja o describe el traje de bodas de esa persona.
3. Reflexiona sobre la cita: *"Te veo tan hermosa y tan linda como aquella niña que toda la vida adoraría."*
4. ¿Qué sentimientos te evocan las siguientes palabras claves: *adoraría, consuelo*?

Ahora soy yo

1. Discute el punto de vista desde el cual se ha escrito el poema.
2. ¿Te has sentido solo/a alguna vez? Escribe una carta a un ser querido expresando tus sentimientos.
3. Reflexiona sobre la cita: *"la que con ansias espera tu llegada, la que teme tu despedida."*
4. ¿Qué sentimientos te evocan las siguientes palabras claves: *ausencia, añorando, ansias*?

El niño que no tuve jamás

1. ¿Cuál es el significado del título del poema?
2. ¿Hay un niño especial en tu vida? Explica por qué es tan especial para ti.
3. Reflexiona sobre la cita: *"En mis sueños te adoré.*
   En mis oraciones te esperé.
   En mi corazón te llevé."
4. ¿Qué sentimientos te evocan las siguientes palabras claves: *luché, resignarme, superé*?

El privilegio de llegar a los 70 años

1. ¿Ha cumplido 70 años alguien en tu familia? ¿Qué sentiste al ver a esa persona llegar a la edad dorada?
2. Escoge un tema que relaciones con la vida de esa persona y escribe algo especial.
3. Reflexiona sobre la cita: *"Has llegado a la edad dorada. Se le llama dorada porque en el torneo de la vida Dios te ha concedido la victoria."*
4. ¿Qué sentimientos te evocan las siguientes palabras claves: *dorada, retos, consumían, privilegio*?

Si alguien me amó en la vida...

1. ¿Has pensado en la persona que más te ama o te ha amado en la vida?
2. Describe a esa persona con frases cortas. ¿Cómo es?
3. Reflexiona sobre la cita: *"Si alguien me amó en la vida fue ella."*
4. ¿Qué sentimientos te evocan las siguientes palabras claves: *incondicional, minuciosos, ángel guardián*?

Como si fueras mi madre - así te quiero

1. Identifica quién puede ser el personaje de este poema.
2. Discute sobre alguien que quieres como si fuera tu madre.
3. Reflexiona sobre la cita: *"Tu valor, tu fulgor me han dado el valor en mi recorrer por la vida."*
4. ¿Qué sentimientos te evocan las siguientes palabras claves: *fulgor, recorrer*?

Retoñitos

1. Discute el simbolismo del título "Retoñitos."
2. Construye un árbol genealógico de tu familia e identifica quiénes son los "retoñitos."
3. Reflexiona sobre la cita: *"Y así como los retoñitos van reemplazando los ramos sin vida, los niños, a su vez, van avanzando su herencia a través de los años."*
4. ¿Qué sentimientos te evocan las siguientes palabras claves: *retoñitos, intemperie, herencia*?

Allí estuve yo

1. Discute el punto de vista del poema.
2. Provee respuetas a las preguntas del personaje.
3. Reflexiona sobre la cita: *"…que ni siquiera puedo pronunciar tu nombre porque ya ni sé quién eres?"*
4. ¿Qué sentimientos te evocan las siguientes palabras claves: *vertió, apoyo, agote*?

Al hispano, mi hermano

Mi hermosa sangre hispana

1. Describe los elementos culturales que te enorgullecen de tu grupo étnico.
2. Organiza una colección de fotografías de tu familia y escribe sobre elementos culturales que los representan.
3. Reflexiona sobre la cita: *"Hermosa sangre hispana, nunca desvanezcas en el eterno transcurrir de los años."*
4. ¿Qué sentimientos te evocan las siguientes palabras claves: *tez, desvanezcas, transcurrir*?

Nuestra historia es un largo caminar

1. Haz una línea del tiempo de los eventos más significativos en la historia de tu familia.
2. Escribe una narración del evento más significativo.
3. Reflexiona sobre la cita: *"Somos como un mosaico de razas pero lo interesante es que todas esas razas tuvieron sus virtudes, sus incertidumbres, sus debilidades. ¡ASI COMO NOSOTROS!"*
4. ¿Qué sentimientos te evocan las siguientes palabras claves: *iberos, mosaico, incertidumbres*?

Espíritu de mi raza mexicana

1. Identifica quién es la primera (la que habla) y la segunda persona (la que escucha) en el poema.
2. Discute cómo el mariachi puede representar el espíritu de la raza mexicana.
3. Reflexiona sobre la cita: *"Somos también hijos de esta hermosa tierra nacidos como rica prenda."*
4. ¿Qué sentimientos te evocan las siguientes palabras claves: *lamento, alivio, fulgor*?

Mi raza, mi gente

1. Piensa en tu raza, tu gente y discute por qué los admiras.
2. Organiza una colección de fotografías de tu familia o amigos y escribe una narración explicando por qué los admiras.
3. Reflexiona sobre la cita: *"Y me pregunto, ¿por qué tú, mi raza, mi gente? ¿Por qué siempre tú, mi raza, mi gente?"*
4. ¿Qué sentimientos te evocan las siguientes palabras claves: *elaborar, derramas, abogar*?

Ni de aquí, ni de allá

1. Explica el significado del título con frases cortas.
2. Identifica las frases que expresan ideas opuestas.
3. Reflexiona sobre la cita: *"Vivimos aquí pero venimos de allá."*
4. ¿Qué sentimientos te evocan las siguientes palabras claves: *lengua extranjera, identidad, cultura*?

Plegaria del inmigrante

1. Discute la situación del ilegal en este país.
2. Agrega más frases al poema expresando el sufrimiento del ilegal en este país.
3. Reflexiona sobre la cita: *"Soy ilegal, ¡PERO NO CRIMINAL!"*
4. ¿Qué sentimientos te evocan las siguientes palabras claves: *delito, ocultarme, dignidad*?

Vivamos la realidad

1. Piensa en tus raíces y en tu lugar de origen y describe los sentimientos que tu herencia te evoca. ¿Te enorgullece tu herencia? ¿Te confunde? ¿Te define?
2. Haz una lista de consejos que le darías a tu gente para que se enorgullezca de su raza.
3. Reflexiona sobre la cita: *"Vivamos la realidad de nuestra herencia que nos cuenta la verdad."*
4. ¿Qué sentimientos te evocan las siguientes palabras claves: *herencia, verdad, hermandad*?

Eres como yo

1. Piensa en las formas en que te pareces a tu hermano, el hispano, y escribe tu propio poema empezando cada oración con la frase: "Eres como yo…."
2. Dibuja una tarjeta para cada característica de tu poema e intercámbialas y discútelas con tus compañeros.
3. Reflexiona sobre la cita: *"Eres como yo y por eso te quiero a ti."*
4. ¿Qué sentimientos te evocan las siguientes palabras claves: *admiro, escucho, quiero*?

Al saber

Sabiduría, mi fiel amiga

1. Piensa cómo fuera tu vida si no tuvieras el don de la sabiduría.
2. ¿Qué otra virtud es tu fiel amiga…la paciencia, la diligencia, la prudencia? Escribe tu propio poema.
3. Reflexiona sobre la cita: *"Consuelas mi padecer como la suave brisa acaricia mi faz abrumada."*
4. ¿Qué sentimientos te evocan las siguientes palabras claves: *faz, abrumada, cobija*?

Maestro…apóstol del saber

1. Escribe una carta a un maestro/a compartiendo su papel en tu vida.
2. Construye una cadena de papel en la que tus compañeros y tú enumeran todas las formas en las que sus maestras han ejercido un papel importante en sus vidas y decoren el aula con ella.
3. Reflexiona sobre la cita: *"Con prudencia abrigas en el alma la esperanza."*
4. ¿Qué sentimientos te evocan las siguientes palabras claves: *impartes, abrigas, recompensa*?

A todos aquéllos que me brindaron su saber

1. Escribe una carta de gratitud a tus profesores.
2. Discute el simbolismo del puente como ilustración para este poema.
3. Reflexiona sobre la cita: *"A todos aquéllos que su saber me supieron un día brindar les ofrezco ésta mi canción con mi más grande admiración."*
4. ¿Qué sentimientos te evocan las siguientes palabras claves: *singular, plenitud*?

¡Qué hubiera sido de mí!

1. ¿Por qué se le refiere al saber como "divino"?
2. Explica y provee ejemplos de cada línea del poema.
3. Reflexiona sobre la cita: *"Habría sufrido en la vida sin fulgor."*
4. ¿Qué sentimientos te evocan las siguientes palabras claves: *fulgor, perecido, fango*?

Al niño diligente

1. Explica el significado de la palabra "diligente."
2. Define lo que es un niño diligente siguiendo el formato de: "Un niño diligente (verbo)………………….."
3. Reflexiona sobre la cita: *"Mas, sigue tu diligencia, ya que lo que el mundo te niegue, de lo alto lo recibirás."*
4. ¿Qué sentimientos te evocan las siguientes palabras claves: *recompensa, menosprecie, niegue*?

La ciencia de los años

1. Piensa en lo que te ha enseñado la vida e imagínate que dialogas con la vida misma. ¿Qué le dirías?
2. Provee ejemplos de cómo la vida nos va moldando, aclarando, transformando, iluminando.
3. Reflexiona sobre la cita: *"Pero, ¡ay, qué ferviente es la ciencia de los años!"*
4. ¿Qué sentimientos te evocan las siguientes palabras claves: *acertando, ferviente, ciencia*?

A la vida

La alegría de vivir

1. Describe las emociones que sientes al contemplar un nuevo amanecer.
2. Siguiendo el formato del poema, empieza tu propio poema con: "Es hermoso….."
3. Reflexiona sobre la cita: *"Es hermoso contemplar el despertar del alba."*
4. ¿Qué sentimientos te evocan las siguientes palabras claves: *contemplar, alba, brisa*?

Los niños no volverán

1. Discute los diferentes significados del título.
2. Escribe tu propio poema sobre las cosas que, al igual que los niños, quizá no volverán.
3. Reflexiona sobre la cita: *"Niño lindo, niño adorable, niño mío, ¡quédate para siempre aquí en mi corazón!"*
4. ¿Qué sentimientos te evocan las siguientes palabras claves: *convertirán, angelical, quédate*?

Muros mudos

1. Describe los sentimientos que te evocan el contemplar un edificio abandonado por el mundo y por el tiempo.
2. Toma tus propias fotografías de edificios abandonados en tu comunidad y escribe un diálogo donde conversas con uno de ellos. ¿Qué le dirías? ¿Qué le preguntarías?
3. Reflexiona sobre la cita: *"¡Cuánto añoro remontarme a las épocas del ayer!"*
4. ¿Qué sentimientos te evocan las siguientes palabras claves: *añoranzas, evoca, remontarme, mística*?

Con cada lágrima

1. Discute las siguientes preguntas: ¿Cómo nos ayuda el llorar? ¿Qué has aprendido al llorar? ¿Es bueno llorar?
2. Expresa tu interpretación de este poema dibujando una lágrima como organizador gráfico y luego escribiendo todas las ideas que se te vengan a la mente al leerlo.
3. Reflexiona sobre la cita: *"Con cada lágrima veo más clara la luz divina, mi vida peregrina, mi nuevo amanecer."*
4. ¿Qué sentimientos te evocan las siguientes palabras claves: *misión, pasión, luz divina*?

Recordar es vivir

1. Haz un resumen de tus emociones sobre lo que has vivido y lo que ha significado la vida para ti.
2. Escoge una foto tuya que resuma tu recorrido por la vida y describe los sentimientos de ese recorrido.
3. Reflexiona sobre la cita: *"Y, que, por lo tanto, me hicieron comprender y me hicieron valorar la esencia de mi vida, la esencia de mi destino."*
4. ¿Qué sentimientos te evocan las siguientes palabras claves: *añorar, esencia, destino*?

Quise alcanzar una estrella

1. Discute el simbolismo de la estrella.
2. Describe la estrella que quieres alcanzar tú.
3. Reflexiona sobre la cita: *"Mil veces me pregunté si esta estrella era realmente mi estrella."*
4. ¿Qué sentimientos te evocan las siguientes palabras claves: *opaca, certeza, distante*?

Lágrimas de niño, lágrimas de hombre

1. Identifica quién puede ser "el hombre" en este poema.
2. Provee sinónimos para la palabra "llora."
3. Reflexiona sobre la cita: *"El hombre llora por aquella ilusión ya perdida."*
4. ¿Qué sentimientos te evocan las siguientes palabras claves: *llora, sueño, ilusión*?

Como granos de arena

1. Discute el simbolismo del título.
2. Haz una lista de tareas diarias y escribe una oración que resuma lo que aprendemos en nuestro diario vivir.
3. Reflexiona sobre la cita: *"Vivimos, aprendemos, laboramos, luchamos incansablemente sin nunca darnos cuenta que cada hora, cada día de nuestras vidas es realmente como un grano de arena en la interminable ribera de la eternidad."*
4. ¿Qué sentimientos te evocan las siguientes palabras claves: *ribera, eternidad, sueño imposible*?

A la despedida final

El primer día del padre sin ti

1. Escribe una carta a un ser querido que ya haya muerto expresando lo que quisieras haberle dicho o repetirle.
2. Escribe un abecedario de ese ser querido utilizando cada letra para describir algo de esa persona.
3. Reflexiona sobre la cita: *"Te extrañamos tanto pero sólo nos consuela que en nuestro corazón y en nuestro recorrer por la vida sigues y seguirás viviendo hoy al igual que ayer."*
4. ¿Qué sentimientos te evocan las siguientes palabras claves: *vacío, doquier, recorrer*?

Hace un año

1. Piensa en eventos importantes que hayan pasado en tu vida hace un año y haz una lista de ellos.
2. Escribe una narración del evento más significativo para ti y provee un título.
3. Reflexiona sobre la cita: *"Hace un año que nuestras vidas no han vuelto a ser las mismas sin ti."*
4. ¿Qué sentimientos te evocan las siguientes palabras claves: *cesado, derramarse, partida*?

¡Sí, se siente tu presencia por doquier!

1. Define la palabra "doquier" a través del uso de sinónimos.
2. Identifica la idea central de este poema.
3. Reflexiona sobre la cita: *"¡Sí, se siente tu presencia por doquier!"*
4. ¿Qué sentimientos te evocan las siguientes palabras claves: *legaste, ideal, constancia*?

Todos hijos de Dios

1. Discute tu propia interpretación del título del poema.
2. Construye una cadena de papel con palabras describiendo el dolor de perder un hijo tras otro.
3. Reflexiona sobre la cita: " *Uno a uno así los fue llamando, llamando a su eterna morada."*
4. ¿Qué sentimientos te evocan las siguientes palabras claves: *eterna morada, pesar*?

Un ángel para siempre

1. Identifica quién puede ser "un ángel para siempre."
2. Discute las imágenes que evoca este poema.
3. Reflexiona sobre la cita: "*Yacía allí – tan dulce, tan linda, tan fría."*
4. ¿Qué sentimientos te evocan las siguientes palabras claves: *brisa, padecer, partida*?

Tocados por un ángel

1. Discute tu propia interpretación del título del poema.
2. Escoge una estrofa o una línea del poema y escribe una corta narración sobre el tema.
3. Reflexiona sobre la cita: "*¡Qué toque tan sutil! ¡Qué toque de ángel!"*
4. ¿Qué sentimientos te evocan las siguientes palabras claves: *misión, sutil*?

Cinco palomas al volar

1. Discute el simbolismo del ave o de la paloma en particular en este poema.
2. Escribe sobre la relación del ave y el espíritu de la persona cuando fallece.
3. Reflexiona sobre la cita: *"Yo la vi velozmente volar hasta a ellas poder llegar."*
4. ¿Qué sentimientos te evocan las siguientes palabras claves: *palomar, patria celestial*?

El día que yo me muera

1. ¿Has pensado en la muerte? Describe cómo te sentirías al pensar en que ya nunca jamás podrías estar con tus seres queridos.
2. Escoge un símbolo que represente ese sentimiento y escribe adjetivos que lo describan.
3. Reflexiona sobre la cita: *"Mas, mi corazón se quedará junto a ti y mis brazos te esperarán hasta que vuelvas a estar junto a mí de nuevo otra vez."*
4. ¿Qué sentimientos te evocan las siguientes palabras claves: *padeceré, soledad, partir*?

Créditos fotográficos

Bernal, M. (2009). Novia, "¡Te casas hoy, niña mía!" pág. 19.

Garza, A. (2002). Bailarina de flamenco, "Mi hermosa sangre hispana," pág. 29.

Heinlein, D. (2006). Ramo de novia, "Cuando se encuentra a un gran amor," pág. 5.

Mariachis, "Espíritu de mi raza mexicana," pág. 31.

Heliosphile. (Shutterstock,Inc.). Gotas de agua, "Lágrimas de niño, lágrimas de hombre," pág. 53.

Horiyan. (Shutterstock, Inc.). Encaje, "Si alguien me amó en la vida...,"pág. 23.

Hxdbzxy. (Shutterstock, Inc.). Manos de alumnos, "Maestro...apóstol del saber," pág. 40.

Konstanttin. (Shutterstock, Inc.). Retoños de primavera, "Retoñitos," pág. 25.

Picasso Studio. (2014). "Sobre la autora," pág. 89.

Rodríguez, M. (2013). Vista del Puente Internacional Presa Falcón, portada.

Salida del sol sobre el campo, "Amor es…," pág. 3.

Puerta de frente de casa, "El amor ha tocado a mi puerta," pág. 4.

Flor corona de Juan Diego, "Sentimientos y emociones," pág. 6.

Manos de pareja, "Contigo aprendí," pág. 7.

Pajarillos sobre árboles, "Mi vida, mi amor," pág. 8.

Monumento de vaquero a la entrada de Zapata, Texas, "¿Quién es ese hombre?" pág. 11.

Flor de anacahuita, "Madre adorada," pág. 12.

Flor de geranio, "¡Qué dicha tener a mi madre todavía!" pág. 13.

Campanario de iglesia Nuestra Señora del Refugio, San Ygnacio, Texas, "De ti lo aprendimos todo," pág. 14.

Flores de girasol, "Imágenes del ayer," pág. 15.

Casa de campo, "Nuestros viejitos," pág. 16.

Niño jugando con la arena del Lago Falcón, Zapata,
    Texas, "Como granos de arena," pág. 54.
Camino rural, "El primer día del padre sin ti," pág. 57.
Ave volando sobre los árboles, "Hace un año," pág. 58.
Reflejo del sol, "¡Sí se siente tu presencia por doquier!"
    pág. 59.
Caída del sol, "Todos hijos de Dios," pág. 60.
Aves volando sobre el monte, "Cinco palomas al volar,"
    pág. 63.
Nubes, "El día que yo me muera," pág. 64.
Rolff, B. (Shutterstock, Inc.). Alas de ángel, "Un ángel para
    siempre", pág. 61.
Sunny Studio. (Shutterstock, Inc.). Manos de adulto y de
    niño, "La ciencia de los años," pág. 44.
Wasilewski, M. (Shutterstock, Inc.). Estrellas en el cielo,
    "Quise alcanzar una estrella," pág. 52.
Zalewski, N. (Shutterstock, Inc.). Alas de ángel sobre arco
    iris, "Tocados por un ángel," pág. 62.

Sobre la autora

La Dra. Ma. Alma González Pérez se graduó de Zapata High School con honores. Obtuvo su licenciatura (Bachelor of Arts) en inglés y en español y su maestría (Master of Arts) en español de Texas Woman's University. Posteriormente, obtuvo su doctorado en educación bilingüe de Texas A&M University-Kingsville.

La Dra. Pérez dedicó veintiún años a la instrucción del inglés y del español para alumnos de los grados séptimo al doceavo de las escuelas del distrito escolar de Zapata, Texas. Organizó un sinnúmero de actividades para sus alumnos y sirvió con distinción por lo cual se le otorgó el honor de Profesora del Año en 1990.

La Dra. Pérez aceptó una posición en la facultad de educación en la universidad de Texas A&M International en 1994 donde permaneció tres años. Además, ha instruido en la facultad de idiomas extranjeras en Texas Woman's University y en las facultades de educación bilingüe de Texas A&M University – Kingsville y The University of Texas - Pan American.

La Dra. Pérez sirvió como directora de The University of Texas - Pan American at Starr County que se especializa en el entrenamiento de maestros de educación bilingüe por 14 años. Ejerció el papel de guiar e instruir a aproximadamente 500 alumnos para que recibieran sus licenciaturas y ejercieran la profesión de educación en las escuelas del Sur de Texas y a través del estado y del país. En resumen, La Dra. Pérez ha dedicado 40 años a la profesión de educación.